JUEGOS OLÍMPICOS DE INVIERNO INCREÍBLES

ESQUÍ DE ESTILO LIBRE

POR ASHLEY GISH

CREATIVE EDUCATION • CREATIVE PAPERBACKS

Publicado por Creative Education y Creative Paperbacks
P.O. Box 227, Mankato, Minnesota 56002
Creative Education y Creative Paperbacks
son sellos editoriales de The Creative Company
www.thecreativecompany.us

Diseño de The Design Lab
Producción de Graham Morgan
Dirección artística de Blue Design (www.bluedes.com)

Imágenes de Alamy Stock Photo/EMPICS Sport, 13; Associated Press/Jonathan Hayward, 16, Mark Reis, 10; Getty Images/Agence Zoom, 12, Al Bello, 9, DeFodi Images, 17, Maja Hitij, 18, Zhai Yujia/China News Service, portada, 1, 23; iStock/mbbirdy, 8; Shutterstock/Iurii Osadchi, 21, mumbojumbo, 2, TSLPhoto, 6; Wikimedia Commons/Dominic Trewin, 7, Martin Rulsch, 14, 20, Peder Wahl, 5

Library of Congress Cataloging-in-Publication Data
Names: Gish, Ashley, author.
Title: Esquí de estilo libre / Ashley Gish.
Other titles: Freestyle skiing. Spanish
Description: Mankato, Minnesota : Creative Education and Creative Paperbacks, 2026. | Series: Juegos olímpicos de invierno increíbles | Includes index. | Audience: Ages 6-9 | Audience: Grades 2-3 | Summary: "Celebrate the Winter Olympic Games with this elementary-level introduction to freestyle skiing, the sport known for its aerial and mogul events. Also included in this North American Spanish translation is a brief biography of medalist Eileen Gu"—Provided by publisher.
Identifiers: LCCN 2024046089 (print) | LCCN 2024046090 (ebook) | ISBN 9798889898924 (library binding) | ISBN 9781682779323 (paperback) | ISBN 9798889899716 (ebook)
Subjects: LCSH: Freestyle skiing—Juvenile literature. | Winter Olympics—Juvenile literature.
Classification: LCC GV854.9.F74 G5718 2026 (print) | LCC GV854.9.F74 (ebook) | DDC 796.93/7—dc23/eng/20241114
LC record available at https://lccn.loc.gov/2024046089
LC ebook record available at https://lccn.loc.gov/2024046090

Impreso en la India

Tabla de contenidos

En sus primeros Juegos, el estilo libre fue un deporte de exhibición, y los ganadores no se incluyeron en el conteo de medallas.

Una nueva y audaz tendencia comenzó en la década de 1930. Los esquiadores se lanzaban al aire realizando giros y volteretas. Esta práctica, conocida como "hotdogging", ganó popularidad rápidamente. En 1979, la **Federación Internacional de Esquí** estableció reglas para el hotdogging. El deporte pasó a llamarse estilo libre. Ha sido parte de los Juegos Olímpicos de Invierno desde 1988.

La Federación Internacional de Esquí, Fédération Internationale de Ski (FIS), organiza y establece las reglas para los deportes de invierno internacionales

Los moguls se convirtieron en el primer evento de esquí de estilo libre en 1992.

El estilo libre es un deporte extremo. Combina velocidad, estilo y acrobacias. Los esquiadores de estilo libre son atletas audaces e increíbles. En algunos eventos, se lanzan desde saltos alcanzando alturas de hasta 50 pies (15,2 m) en el aire. Luego giran, dan volteretas y realizan torsiones antes de aterrizar con gracia.

acrobacias movimientos difíciles o peligrosos

Casco de esquí de estilo libre

Los esquiadores de estilo libre usan cascos. Algunos también llevan protección para la espalda y rodilleras. Muchos utilizan esquís que son más cortos y livianos que los convencionales. Las puntas en ambos extremos de los esquís les ayudan a lograr con éxito los movimientos más arriesgados.

Los diferentes colores de las lentes de las gafas ayudan a los esquiadores a ver en diversas condiciones climáticas y de luz.

uvex
STÖCKL
STÖCKL

En el ski cross, los competidores alcanzan velocidades de más de 60 millas por hora (96,6 km/h).

Hoy en día, los Juegos de Invierno incluyen siete eventos de estilo libre: **aerials**, moguls, moguls duales, slopestyle de esquí, big air, **halfpipe** de esquí y ski cross. Algunos esquiadores compiten en más de un evento.

aerial un movimiento acrobático realizado en el aire por los esquiadores de estilo libre

halfpipe una pista o rampa con forma de tubo cortado por la mitad

El evento de moguls duales se agregó a los Juegos Olímpicos antes de los Juegos de 2026.

Los esquiadores de aerials se lanzan desde saltos para realizar giros y volteretas en el aire. En los moguls, los esquiadores compiten a gran velocidad sorteando grandes montículos de nieve. En los moguls duales, dos esquiadores compiten entre sí al mismo tiempo.

Los esquiadores de aerials son juzgados por su despegue, forma, aterrizaje y la dificultad de sus saltos.

salomon
salomon

Los esquiadores de slopestyle deben demostrar tanto control como habilidad. Esquían a través de un circuito de obstáculos que incluye rieles y rampas. Las rampas los impulsan al aire, donde realizan trucos.

Los esquiadores de slopestyle se enfocan más en completar los obstáculos que en la velocidad.

Nick Goepper de los Estados Unidos

Los eventos de big air requieren una rampa más grande. El esquiador se lanza más lejos en el aire para realizar un gran salto.

El evento de big air debutó por primera vez en los Juegos Olímpicos de 2022 en Pekín, China.

BEIJING 2022

El halfpipe construido para los Juegos Olímpicos de 2022 tenía 69 pies (21 m) de ancho y paredes de 23 pies (7,1 m) de altura.

Los esquiadores de halfpipe usan los lados del medio tubo para impulsarse al aire. Después de realizar sus trucos, aterrizan y suben por el otro lado del tubo para hacer más acrobacias. En el ski cross, varios esquiadores compiten al mismo tiempo en una pista con saltos y **bancos**.

banco un montón de nieve compactada que obliga a los esquiadores a hacer un giro

Los trucos audaces hacen que los competidores se eleven por los aires.

Los esquiadores de estilo libre realizan trucos asombrosos en el aire. ¡Mira este emocionante deporte en los próximos Juegos Olímpicos de Invierno!

Hasta los Juegos Olímpicos de 2022, Canadá tiene la mayor cantidad de medallas de oro en los eventos de esquí de estilo libre.

Competidor destacado: Eileen Gu

Eileen Gu

es una esquiadora profesional de estilo libre. Representó a China en los Juegos Olímpicos de Invierno de 2022 en Pekín, China. Fueron sus primeros Juegos Olímpicos. Ganó medallas de oro en los eventos de big air y halfpipe. También ganó la medalla de plata en slopestyle. Es la primera esquiadora de estilo libre en ganar tres medallas en tres eventos diferentes en los Juegos Olímpicos de Invierno.

Índice